AF267115

CONFÉRENCES

PUBLIQUES

DE BAGNÈRES

1868

BAGNÈRES, IMPRIMERIE ET LIBRAIRIE D.-L. PÉRÉ, PLACE NAPOLÉON

1re CONFÉRENCE

12 FÉVRIER

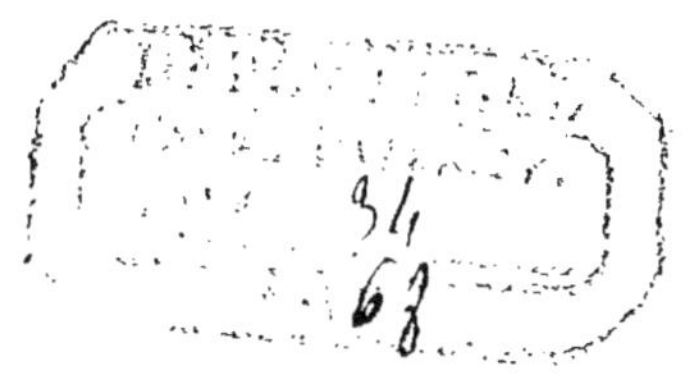

FROISSART

A LA COUR DE GASTON PHŒBUS

FRÉDÉRIC SOUTRAS

FROISSART

A LA COUR DE GASTON PHŒBUS

Mesdames, Messieurs,

Il y a deux ans, après une rapide, mais douloureuse excursion dans notre vieux Bigorre, où j'avais pris Froissart pour guide, je vous disais avec ce sentiment de regret qu'on éprouve à se séparer d'un compagnon de voyage attachant et dramatique, je vous disais : « J'aimerais à suivre » le brillant conteur chez Gaston Phœbus, et » à vous éblouir des splendeurs de la vie féodale,

» après vous avoir si longtemps attristés de ses
» misères. »

La reprise de nos conférences me permet aujourd'hui cette satisfaction d'esprit. Je vais donc m'acheminer, à la suite de l'ingénieux chroniqueur, vers cette noble et somptueuse cour d'Orthez, vers ce château de Moncade, tantôt rayonnant de l'éclat des fêtes, tantôt assombri par de terribles mystères. Mais pour cette nouvelle excursion dans le passé, dans un passé lointain, je ne me confie pas seulement à Froissart, je me confie aussi, et surtout, à votre bienveillance.

Nous avons, s'il vous en souvient, laissé le chroniqueur et le *beau* et *sage* chevalier, messire Espaing de Lion, sur la croupe des coteaux qui sépare le Bigorre du Béarn. Le paysage est triste, presque lugubre; la lande fuit au loin avec ses monotones bruyères; des taillis épais, mais souffreteux, couronnent les hauteurs; pas un clocher, pas une tour à l'horizon; partant, aucun de ces points d'interrogation habituels que les lieux traversés fournissaient à Froissart, et dont il savait si habilement se servir pour l'intérêt et la variété de ses récits.

Mais la contrée ne disant rien; le chroniqueur n'était pas homme à profiter de l'exemple; la causerie, puisque causerie il fallait, était donc naturellement ramenée sur monseigneur Gaston Phœbus, vicomte de Béarn.

Ce prince, vaillant capitaine, fin politique, habile administrateur, harmonieux troubadour,

élégant trouvère, était fait pour défrayer la con-
versation de plus de vingt journées de voyage.

Cette fois, messire Espaing de Lion est plus
expansif que d'habitude. Il est vrai qu'on ne le
questionne ni sur les secrets de l'Etat, ni sur les
drames de famille ; mais seulement sur les revenus du comte de Foix. La langue, sur un pareil
sujet, pouvait se donner libre carrière et courir
bride abattue. Elle n'y fait faute.

Le bon chevalier, avec la prolixité habituelle
des serviteurs dévoués des grandes maisons, se
livre à un inventaire enthousiaste de la puissance
et de la richesse de son maître. Il compte toutes
ses forteresses et tous ses châteaux ; il montre les
donjons restaurés ou rebâtis, bien solides, bien
pourvus d'armes et de combattants ; il s'étend
avec complaisance sur les résidences favorites du
comte, sur les longues galeries tapissées d'armu-
res neuves et reluisantes, sur l'éclat de la vaisselle, sur la somptuosité des galas dans les
grands jours de réception, sur la beauté des chevaux, sur l'excellence des chiens, sur l'ensemble
et les détails de cette noble existence féodale, si
large, si complète, si dominatrice !

Et quand l'abbé se récrie d'admiration, quand
il demande, en ouvrant de grands yeux, comment
le comte de Foix peut suffire à tant de dépenses
diverses, à tant de luxe, le chevalier oublie toute
réserve, toute discrétion, il devient presque lyri-
que (mauvaise tendance pour un confident de
prince), en énumérant les rentes des domaines,

les produits des tailles, les revenus des péages,
toutes les ressources que le moyen âge, aussi
avancé que nous en pareille matière, demandait
à ce protée qui s'appelle l'impôt !

Le dénombrement de messire Espaing de Lion
ressemble à un dénombrement d'Homère. Même
naïveté, même enthousiasme. Les florins d'or
ruissellent de ses lèvres et s'empilent en superbes
totaux au bout de ses phrases solides à la fois et
retentissantes.

On sent là toute la joie et l'orgueil d'une recette
égale à la dépense, ou comme l'on dirait de nos
jours, d'un budget en équilibre ! Qu'est-ce que
cela prouve ? Cela prouve que monseigneur Gaston Phœbus, dans un Etat moderne, aurait été un
grand ministre des finances !

Grâce à cet exposé, où les chiffres étaient d'une
éloquence si convaincante, Froissart comprit
sans peine comment le comte de Foix pouvait
tenir en état de défense tant de châteaux et
de forteresses, solder tant d'hommes d'armes,
acheter tant de meubles précieux, étaler dans ses
festins tant de vaisselle d'argent et de vermeil,
nourrir tant de beaux chevaux et de beaux levriers,
faire enfin à tous ses hôtes, lorsqu'ils prenaient
congé de lui, de riches présents qu'il fallait toujours accepter ; « car, ajoutait messire Espaing de
» Lion, bien le courroucerait qui le refuserait. »
Froissart n'avait pas besoin de cet avis ; il avait
trop l'usage des cours, pour jamais courroucer
un prince à cet endroit.

C'est à travers cette féerie de florins d'or et de luxe féodal qui éclaire la triste route parcourue, que les deux voyageurs arrivent à Morlaas. Connaissez-vous Morlaas? Vieille ville enfumée, rues désertes et silencieuses, façade noire et lépreuse, grande place qui ne s'anime que les jours de marché. Au centre, une église gothique, aux ogives ébréchées, aux vitraux crevassés et déteints, aux nervures cassées ou disjointes. De la base au faîte, au lieu de cette ferme et fière vieillesse qui énorgueillit les monuments comme elle ennoblit les hommes, une vétusté qui donne froid à la pensée et au cœur. L'édifice, qui ne croule pas, mais s'émiette, raconte, à sa façon, lugubrement, la décadence de la ville. Morlaas, en effet, fut la première capitale du Béarn. Mais, sous les Moncade, elle se vit dépossédée au profit d'Orthez, dont la situation plus centrale et plus riante, au sein de la riche plaine du Gave, attira les souverains du pays.

Morlaas, néanmoins, garda son hôtel des monnaies, frappa les florins d'or du vicomte, c'était un assez bon privilége, et qui consolait un peu de la perte des autres. Les sous de Morlaas avaient d'ailleurs bonne renommée dans le monde féodal, et ils étaient acceptés comme type dans la plus grande partie de la Gascogne.

Malheureusement, tout à côté, grandissait Pau, qui, de simple poste fortifié, devint la capitale définitive du Béarn. Abusant du succès, comme tous les parvenus, Pau voulut avoir l'hôtel des Monnaies de Morlaas, et il l'obtint de ses vicomtes, jaloux de surveiller de plus près cette branche importante de l'administration. A partir de cette époque, la pauvre ville, livrée à elle-même, descend rapidement tous les degrés de la décadence, et tombée au dernier échelon de notre hiérarchie administrative, simple chef-lieu de canton dans les Basses-Pyrénées, la vieille capitale du pays, qui ne s'inclinait que devant le vicomte entouré de ses hommes d'armes, s'incline devant un juge de paix, premier personnage du lieu ! Le temps a de ces ironies, j'oserais presque dire de ces insolences !

Je ne connais pas de ville, à l'exception peut-être de Saint-Bertrand de Comminges, qui dise plus tristement, plus lamentablement : J'ai été une gloire et une splendeur !

Au temps de Froissart, Morlaas ou Morlens, comme l'appelle le chroniqueur, possédait encore son hôtel de la monnaie. Mais rien ne révélait plus sans doute aucune capitale ; car la pauvre ville n'obtint que cette mention banale : Morlens qui est au comte de Foix ; il est vrai que depuis qu'on a quitté le Bigorre, l'intérêt des lieux s'efface pour le voyageur qui n'a plus qu'une pensée et qu'une curiosité : Gaston Phœbus ! Ainsi préoccupé et absorbé, Froissart me produit l'effet d'un pèlerin qui, venu de loin pour s'agenouiller devant l'image d'un saint fameux, à mesure qu'il approche du terme du voyage, ne s'entretient plus avec

les autres ou avec lui-même que du sanctuaire
vénéré.

Froissart approchait de son saint; une journée
de marche le séparait à peine du terme de son
pèlerinage chevaleresque; partis en effet de
grand matin, suivant leur habitude, l'abbé et le
chevalier doivent atteindre Orthez avant la nuit.
L'imagination des chroniqueurs, mise en éveil
et comme éperonnée par tant de beaux récits,
a sans doute déjà pris le galop, et elle est
probablement à Moncade, quand les chevaux
ne sont qu'à Mont-Gerbiel, encore un de ces
noms altérés qu'on cherche vainement sur les
cartes. De Mont-Gerbiel, où ils ne s'arrêtent pas,
les voyageurs poussent jusqu'à Ercis, où ils se
rafraîchissent et laissent souffler leurs montures.
C'est leur dernière station; dans moins de deux
heures, ils seront à Orthez. Profitons de cette
halte que Froissart nous impose, pour nous
préparer, par quelques détails biographiques,
à la connaissance du personnage auprès duquel
notre chroniqueur va bientôt nous introduire.

Gaston Phœbus était fils de Gaston II, comte
de Foix et vicomte de Béarn. Il reçut le surnom
de Phœbus, soit à cause de sa belle figure, soit
à cause de sa chevelure blonde, soit, enfin, parce
qu'il portait un soleil sur son armure. Vous
pouvez choisir entre les trois hypothèses.
J'opine, cependant, pour le soleil. A l'âge de
dix ans, il succéda à son père, mais, à ce qu'il
paraît, il sut vite s'affranchir de la tutelle;

car, en 1346, nous le voyons guerroyer contre
les Anglais. Peu de temps après, il part avec une
nombreuse et brillante chevauchée, s'enfonce
dans cette Allemagne du Nord, toujours ébranlée
du choc et du pêle-mêle de tant de races diverses,
et va combattre les infidèles au fond de la
Prusse. Vous ne vous doutiez pas qu'au xive siècle il y eût encore des idolâtres en Europe.
C'étaient sans doute quelques fractions de tribus
Slaves que n'avaient pu soumettre au christia-
nisme les lances des chevaliers teutoniques, ces
convertisseurs à la façon de Charlemagne.

Quels motifs avaient pu entraîner Gaston
Phœbus si loin de ses Etats, au plus fort et au
plus noir des guerres anglaises? Le zèle religieux?
Gaston Phœbus ne me fait pas l'effet d'un dévot.
L'amour des aventures? Il y en avait de bien
belles et de bien nobles à courir dans cette
France du Midi restée gauloise et romaine, et
qui depuis Bertrand de Born, le violent et patrio-
tique troubadour, rêvait l'indépendance, l'auto-
nomie, comme on dirait de nos jours.

Pour mon compte, j'incline à croire que le
comte de Foix, plus politique que chevalier,
voulut éviter d'être le tenant de la France ou le
tenant de l'Angleterre dans ce grand duel qui
s'était ouvert par Crécy, et qui venait de se clore
momentanément par Poitiers.

Quoi qu'il en soit, Gaston Phœbus revient fort
à propos de sa croisade d'Outre-Rhin, fort à propos pour la chevalerie française et pour sa propre

gloire. Jacques Bonhomme s'était levé fou de misère et de désespoir; le soulèvement était général dans l'Ile-de-France, dans la Champagne et dans la Brie; la révolte marchait à la lueur des châteaux incendiés; elle marchait, victorieuse et impitoyable.

Dans deux batailles rangées, les cottes de mailles avaient fui devant les sarreaux; le paysan s'était mesuré avec l'homme d'armes, et la faulx avait eu raison de la lance. Les donjons ne résistaient plus, et les nobles, pareils à des cerfs poursuivis par des meutes furieuses, se jetaient, éperdus, dans les villes, autour desquelles les bandes des Jacques venaient hurler comme autour d'une curée certaine.

Le moment était critique pour le grand monde féodal... Les belles dames de la cour de France, chassées de Paris où régnait Etienne Marcel, étaient assiégées dans le marché de Meaux, sorte de forteresse qui s'élevait au centre de la ville. Les Jacques occupaient les faubourgs et se disposaient à donner l'assaut à ce dernier refuge de la féodalité expirante.

Tout à coup, des bannières se montrent dans la plaine; c'est Gaston Phœbus avec ses hommes d'armes; les assiégants surpris tombent sous les lances; ils ne peuvent fuir pressés qu'ils sont entre la troupe du comte et la forteresse. Ce fut une boucherie furieuse.

Lamentables scènes devant lesquelles le jugement de l'histoire hésite... mais que notre pitié

n'hésite pas..... soyons du côté des victimes
quelles qu'elles soient; du côté des châtelains,
quand on les égorge, du côté des Jacques, quand
on les extermine!

Après ce brillant coup de main, après cette
délivrance inespérée, imaginez quels furent les
transports de joie des réfugiés de Meaux, les
félicitations des chevaliers, les sourires et les
cajoleries des belles dames.

L'enthousiasme reconnaissant de la féodalité
suivit jusque dans ses Etats le jeune vainqueur
qui l'avait sauvée, qui l'avait vengée!

A partir de cette époque (1358), Gaston
Phœbus ne se hasarde plus dans des expéditions
lointaines; il observe, il se recueille, il se fortifie.
Le politique arrête et maîtrise le chevalier.
Il sourit à la France, sans faire pour cela mauvais
visage à l'Angleterre, bien résolu à ne sortir de
cette neutralité courtoise, mais attentive, que
lorsque son intérêt parlera haut ou que l'occasion
sera telle qu'on ne puisse la laisser fuir sans
forfaire à la fortune.

En attendant, il se débat avec le comte d'Armagnac, voisin turbulent qui lui disputait une por-
tion de son héritage; il le fait prisonnier dans
une rencontre, et, malgré les sollicitations du
prince Noir, il ne le lâche qu'après l'avoir dure-
ment rançonné. En 1375, il fait la guerre au duc
de Berry qui venait de lui enlever le gouvernement du Languedoc. Il ne se brouille pas néanmoins avec le roi de France, dont l'épée, tenue

alors par Duguesclin, atteignait loin et frappait fort.

L'intérêt avait parlé plus d'une fois, mais l'occasion attendue ne vint jamais, et Gaston Phœbus, sans héritier direct, Gaston Phœbus, dont la jeunesse avait été si brillante et si fêtée par la fortune, descendit tristement de l'autre côté de la vie avec le poids d'une ambition qui n'avait pu se satisfaire et mourut en 1391, heureux peut-être de délivrer son front d'une couronne rendue d'heure en heure plus lourde par la cumulation des mécomptes, des anxiétés et des remords du pouvoir.

Agitez-vous donc, grands politiques qui prétendez mener le monde, pour arriver tôt ou tard, comme Gaston Phœbus et comme tant d'autres, à cette juste expiation des excès de la force, — le sentiment de l'impuissance personnelle et l'accablante fatigue de l'autorité.

Vous avez deviné que l'héritage féodal du comte de Foix dut passer à des collatéraux. Il me reste à vous apprendre ce qu'est devenu son héritage poétique. Hélas! il s'est dispersé et comme évanoui dans le temps! Et de ces tendres ou rêveuses chansons, langoureusement soupirées sur les donjons et les tourelles par les belles dames d'autrefois, et applaudies par Froissart, à peine quelques refrains flottent-ils vaguement, dans le ciel des Pyrénées, au-dessus des châteaux en ruines du prince-troubadour?

La prose de Gaston Phœbus, qui composa un

livre de vénerie intitulé *des Desduitz de la chasse aux bestes sauvages*, n'a pas eu meilleure chance que les vers, bien qu'elle ait eu les honneurs de l'in-4°.

Elle n'a point échappé à l'oubli, pas assez cependant pour que les érudits n'aient pas pu dire que le style de ce livre avait donné lieu à cette expression : *C'est du Phœbus*, quand on veut qualifier le jargon maladroit et emphatique qui étouffe la pensée sous la bouffissure de la phrase.

Je n'ai pas lu ce volume devenu fort rare; je ne saurais dire par conséquent si les érudits ont tort ou raison.

J'incline cependant à croire qu'il faut chercher une explication plus moderne, au xvie siècle par exemple, chez quelques-uns de ces prosateurs, qui embrassent notre vieux français, preste et court vêtu, dans les plis de la période grecque ou latine.

N'acceptons donc que sous réserve de plus ample informé cette étymologie injurieuse, et si nous ne devons pas défendre le prince contre les justes sévérités de l'histoire, n'hésitons pas à défendre l'écrivain contre les légèretés de la critique littéraire. S'il ne nous est pas permis d'effacer la tache de sang, essayons du moins d'effacer la tache d'encre.

Cette étrange physionomie, brillante ou obscure selon l'heure et les circonstances, se détache, on le voit, avec un puissant relief dans le drame si complexe et si mêlé du xive siècle.

Chevalier et politique, capitaine et troubadour, administrateur et bel-esprit, Gaston Phœbus, avec ses vices et ses vertus, avec ses faiblesses et ses grandeurs, avec ses ombres et ses clartés, est le type le plus complet et le plus attachant du prince féodal. Il représente le moyen âge, il le résume, il le personnifie; il en a toutes les bizarreries et toutes les contradictions. Il allie le culte de la force au culte de l'esprit; il tue le matin, et, le soir, il rime une chanson d'amour: l'élégie le distrait et le soulage du meurtre; n'est-ce pas bien là l'homme féodal? Des actions violentes, des sentiments raffinés! D'où vient cette antithèse? De notre nature? Non. De la société? Je le crois.

La féodalité, en effet, est née de la force, de la conquête. La force l'a faite; elle ne peut vivre et se soutenir que par la force.

Le droit avait bien réussi à s'asseoir, tant bien que mal, dans cette organisation brutale et grossière; mais il y était resté, impuissant et dérisoire; il essayait bien de tenir une balance, mais l'épée, la lourde épée du suzerain ou du grand feudataire pesait toujours sur un des plateaux; et c'était, en définitive, la force qui décidait.

L'homme féodal, le seigneur, si haut ou si bas qu'il fût placé dans la hiérarchie sociale, était donc, par la nature des choses, condamné à l'exercice du droit du plus fort, à la violence.

Il le comprenait à de certains moments, et il en souffrait. Il se sentait mauvais, il s'effrayait de son pouvoir et de lui-même. En dépit de l'étourdissement d'une vie tumultueuse, il s'interrogeait parfois, s'accusait, se condamnait peut-être. Il se voyait encore plus noir et plus sinistre aux heures du repos, dans les longues veillées d'hiver, quand il écoutait la lecture de ces vieux romans de chevalerie, trop décriés plus tard, car ils furent un grave et doux appel à la modération et à l'humanité, et qu'il se comparait à ces types de courage désintéressé et d'honneur inviolable, à ces paladins qui couraient toutes les nobles aventures de la justice et de l'amour, pendant qu'il ne suivait, lui, que les sombres chemins de la convoitise et de la haine.

Placé entre le reproche direct de sa conscience et le reproche indirect, mais plus vivement senti peut-être, que lui adressait l'idéal chevaleresque, il essayait naïvement de polir son âme, comme il polissait son armure, et, ne pouvant adoucir ses actions, il adoucissait son langage, et il raffinait sur les sentiments.

Il continuait à pratiquer la force, et il adorait platoniquement la faiblesse. Il frappait la femme avec son gantelet; mais, toute meurtrie et presque saignante, il la relevait un instant après, la couvrait de fleurs poétiques, et la faisait reine de l'amour et de la beauté!

Tout le moyen âge guerrier se débat entre cette réalité et cet idéal, entre cet enfer de la vie et ce paradis de l'imagination.

Les hautes intelligences et les hautes situations accusaient plus hautement ce dualisme,

Ainsi s'expliquent, sans qu'il faille recourir au triste commentaire de l'hypocrisie, tant de personnages contradictoires de l'époque féodale; ainsi s'explique Gaston Phœbus, et voilà comment dans le même homme vous avez un prince qui fait frémir et un troubadour qui fait rêver!

Telle était cette grande, mais énigmatique figure, lumineuse d'un côté, sombre de l'autre, vers laquelle Froissart se sentait irrésistiblement attiré par le double prestige de la gloire et de l'ombre; dans une rapide esquisse, je n'ai pu que relever quelques traits principaux de cette tête expressive.

Le brillant *imageur* du XIV⁰ siècle va compléter le dessin et y mettre la vie et la couleur; et il va peindre devant vous.

Parvenus à Orthez au soleil *esconsant* (au soleil couchant), les deux compagnons de voyage se séparent. Messire Espaing de Lion se rend à son *hostel*; et de là monte au château pour rendre compte à son maître des *besoignes* dont il a été chargé; le chroniqueur descend à l'hôtel de la Lune, bien convaincu sans doute qu'il n'y séjournerait pas longtemps. En effet, le comte, instruit de sa présence, l'envoie quérir par un de ses écuyers. Voilà l'abbé au comble de ses vœux, installé au château, où il sera retenu pendant douze semaines, au milieu des fêtes et des cajoleries du grand monde féodal.

Comme il est heureux, comme il est fier, comme il s'applaudit de ce séjour et de cet

accueil ! Et avec quelle complaisance orgueil-
leuse et attendrie à la fois il énumère tous les
soins, tous les égards, toutes les prévenances
dont il est l'objet ! Dans son enthousiasme de
reconnaissance, il va jusqu'à remercier pour ses
chevaux, lesquels furent comme lui *bien gouvernés*
de toutes choses.

La familiarité s'établit vite (la familiarité
littéraire) entre le comte et son hôte, entre le
troubadour et le trouvère. Froissart avait apporté
avec lui un recueil de chansons, de ballades, de
rondeaux et de virelais, composés par Monseigneur Wenceslas de Luxembourg, duc de Bra-
bant et roi de Bohême, recueil revu, corrigé et
sans doute augmenté par notre chroniqueur bel-
esprit. Le volume était intitulé *Méliadus*, et
la subtile galanterie du moyen âge s'exhalait de
ces pages en fades senteurs. Le comte vit ce livre
avec grand plaisir, et toutes les nuits, dit Froissart, je lui en lisais, et il ne voulait que nul
parlât, ni osât mot dire ; car il voulait que je
fusse bien entendu, et aussi il prenait grand
déduit (grand plaisir) à bien entendre, et quand il
chéait (il survenait) une chose où il voulût
mettre débat ou argument, volontiers il parlait à
moi, non pas en son gascon, mais en beau
et en bon français.

Dans cette académie improvisée, où le troubadour se montrait si gracieux pour le trouvère, le
débat, ou l'argument, comme dit Froissart, rou-
lait moins sur la poésie que sur la galanterie che

valeresque. On subtilisait, on raffinait sur le
sentiment, et la glose la plus quintessenciée était
toujours la plus applaudie. N'importe! Si alambi-
quée ou si frivole qu'elle fût, la pensée était là,
et nous qui en avons le culte ardent et la passion
inguérissable, nous devons être fiers pour elle de
la place d'honneur que lui donnait Gaston Phœbus dans son château de Moncade!

Et ici, je ne puis résister à la tentation d'un
rapprochement qui s'impose à mon esprit :
presque de nos jours, juste au milieu du
xviiie siècle, il y avait en Europe un prince
ambitieux, politique, habile capitaine, organisateur puissant, lettré comme Gaston Phœbus,
faisant comme celui-ci des vers dans une langue
qui n'était pas la sienne, philosophe par-dessus
le marché, aussi hardi sur le terrain des néga-
tions que sur un champ de bataille, contestant
Dieu, mais ne laissant pas contester le droit
divin de sa royauté, froid dans le cabinet et
maître de lui dans l'action, novateur et despote,
ne recourant à la violence que lorsqu'il la jugeait
utile au succès, s'abstenant du crime, parce que
le crime est presque toujours une faute; homme
en apparence contradictoire, au fond très conséquent avec lui-même et avec son principe. Le
calcul domine toute sa vie; calcul, ses vers
légers; calcul, ses hardiesses philosophiques;
calcul, peut-être, son athéisme! Les contempo-
rains furent séduits et ne virent que le novateur
couronné. Mais la postérité plus calme a su

démêler, à travers une poésie et une philosophie menteuses, l'imperturbable despote, qui avait pris pour idéal du gouvernement des hommes, la discipline d'une caserne! Une consigne, Dieu merci! ne peut pas être la loi d'une société!

A la même époque, la littérature française avait à sa tête un de ces rares esprits qui ont le privilége d'émouvoir, de charmer et d'instruire leur siècle. Cet écrivain avait toutes les grâces comme toutes les forces du génie; il en avait au besoin toutes les colères. Il entraînait par la passion, il séduisait par le bon sens, il tuait par l'ironie. Il s'était essayé dans presque tous les genres, et il excellait dans la plupart. Il descendait avec une merveilleuse aisance de la tragédie à la satire, de l'épopée à la facétie, de l'histoire au pamphlet. — De quelque côté qu'il attaquât les intelligences, il était sûr de les conquérir. Ce prince de la pensée était à ménager; il gouvernait l'opinion et distribuait la gloire! Vous avez deviné Frédéric II et Voltaire.

Le grand écrivain, depuis longtemps cajolé en prose et en vers, céda aux instances du souverain philosophe, et vint se fixer dans cette cour qui semblait lui promettre, avec toutes les libertés de l'esprit, toutes les déférences dues au génie. L'accueil fut enivrant. Le roi appelait le poète son ami, et dans cette académie cosmopolite de Berlin, les opinions de l'auteur de Zaïre étaient acceptées comme les arrêts du goût, et faisaient loi pour le royal versificateur.

On soupait aussi chez Frédéric II; on lisait les vers du roi, corrigés à l'avance par Voltaire; on les applaudissait, cela va sans dire, vers de rois sont toujours magnifiques. Dans ces réunions intimes, où l'immortel railleur était le vrai souverain, on ne raffinait pas sur le sentiment, c'est vrai, mais en revanche on raffinait sur le scepticisme; on ne glorifiait pas l'amour, on glorifiait la raison. Mais qu'importent les thèses soutenues? Qu'importe la différence du temps et des idées? Je n'ai pas entendu mettre en parallèle le moyen âge et le xviiie siècle, Gaston Phœbus et Frédéric II, Froissart et Voltaire. Non! ce que j'ai voulu rapprocher, et ce que je rapproche, c'est l'hommage instinctif du despotisme féodal et l'hommage calculé du despotisme moderne, c'est la lance du chevalier et l'épée du monarque, s'abaissant l'une et l'autre devant la plume de l'écrivain! Soyons fiers pour la pensée de ce double triomphe. Dans les soupers de Postdam, comme dans ceux de Moncade, la force abdique devant l'intelligence, l'auréole efface un instant la couronne..... et le génie littéraire est roi!

Rentrons dans le moyen âge avec cette consolation et avec cet orgueil. Rentrons-y, mais sans nous attendre à beaucoup de ces satisfactions. La rudesse, en effet, la vieille rudesse germanique était restée dans les mœurs féodales, et elle perçait à travers les prétentions et les raffine ments de cette cour, polie et reluisante à la surface. Les délassements homériques étaient en honneur chez Gaston Phœbus, comme chez tous les autres princes de son temps, et le gentil comté n'était pas le dernier à les applaudir. Voici une scène qui rappelle l'Iliade. Froissart la rapporte ailleurs; mais je crois qu'elle est ici mieux à sa place, et je n'hésite pas à la reproduire comme contraste.

Un jour de Noël, où il y avait grande foule au château de Moncade, grande réception, comme on dirait aujourd'hui, le comte, après son dîner, passa dans ses galeries avec ses chevaliers. Or, le soleil n'avait point paru ce jour-là; et il gelait très fort en ce moment. Mais comme Monseigneur Gaston n'était pas frileux, on n'avait pas mis de bois dans les cheminées. Le comte témoigna cependant qu'il ne serait pas fâché de voir la couleur du feu.

Il n'eut pas plus tôt manifesté ce désir, qu'un des chevaliers, *haut de taille, gros de membres,* et point chargé de graisse, le Bourg d'Espagne, s'élance, en franchissant d'un bond un escalier de plusieurs marches, dans la cour du château, où les bûcherons entraient avec leurs ânes chargés de bois. Sans attendre que les bûches soient à terre, il enlève une des bêtes, l'arrange sur ses épaules, remonte en courant l'escalier et jette son fardeau dans la cheminée, aux applaudissements de toute l'assistance, auxquels le comte joignit ses félicitations.

Un prince féodal était tenu d'honorer la force physique et d'encourager de pareils exercices, sous peine de manquer au principe même de la féodalité.

Froissart ne nous dit pas si le pauvre âne fut rôti vivant; mais j'imagine que l'eût-on vu flamber avec les bûches, l'enthousiasme et le rire n'y auraient rien perdu, et que le Bourg d'Espagne, cet Ajax du XIVe siècle, dont vous vous rappelez peut-être les grands coups de hâche sur les routiers de Lourdes, au pont de Tournay, n'en aurait été que mieux complimenté et plus fort applaudi.

De pareils passe-temps contrastaient singulièrement avec les délicatesses académiques et sentimentales que nous constations tout-à-l'heure. Et cependant, ils se produisaient à la cour d'un des seigneurs les plus élégants et les plus polis du XIVe siècle. Gaston Phœbus est, en effet, pour Froissart le type le plus noble du prince féodal. Jugez-en par ce portrait tracé d'une main si complaisante. Voici d'abord comment l'homme physique est représenté : « Le » comte de Foix avait environ 59 ans d'âge, » et je vous dis que j'ai vu en mon temps bien » des chevaliers, rois, princes et autres, et je » n'en ai vu onques nul qui fût de si beaux » membres, de si belle forme et de si belle » taille; visage bel, sanguin et riant, les yeux » vairs (brillants), et encore amoureux partout » où il lui plaisait son regard asseoir. »

Passons maintenant au portrait moral, qui n'est ni moins brillant ni moins complaisamment

dessiné : « Sage chevalier était et de haute em-
» prise (de hauts desseins), plein de bons
» conseils, et n'avait eu onques nul marmouset
» (nul favori). »

Marmouset ! le mot est charmant, et je regrette
que notre langue ne l'ait pas retenu dans le
sens dédaigneux que lui donne Froissart ! Pour-
suivons, et entrons dans l'oratoire du comte.

« Chaque jour il disait un nocturne du Psautier,
les heures de Notre-Dame du Saint-Esprit,
de la croix, et les vigiles des morts. »

La charité du comte était tout aussi bien réglée
que sa dévotion : « Chaque jour il faisait donner
cinq francs en petite monnaie, pour l'amour de
Dieu, et l'aumône à la porte à toutes gens. Il fut
large et courtois en dons. »

Voulez-vous maintenant connaître le financier
et l'économiste ?

« Il prenait en son pays pour ses recettes rece-
» voir douze hommes notables, et de trois en
» trois mois, était de deux servi en lesdites
» recettes, et au chef (au bout) des trois
» mois, ils se changeaient. »

Décidément, Gaston Phœbus craignait pour
ses argentiers la fascination des florins, et il
s'arrange à merveille pour les y soustraire. Ces
précautions semblent aujourd'hui bien étroites ;
nous sommes habitués à plus d'ampleur dans les
idées et dans les budgets.

Quand il a bien décrit le prince sous tous ses
aspects, Froissart le suit avec une sympathie

égale dans ses goûts et dans ses habitudes. Il
nous le montre battant, été ou hiver, les bois
avec ses meutes, devisant et discutant dans ses
galeries avec ses clercs, travaillant dans son
cabinet avec ses quatre secrétaires.

Cette grande existence féodale se déroule
ainsi, se déploie, s'étale, pour ainsi dire, devant
nous avec sa régularité majestueuse et sa pompe
un peu théâtrale. Jugez-en par cette description
des soupers du comte, où, à côté d'une grande
admiration qui déborde, on rencontre des détails
d'une naïveté charmante :

« Quand de sa chambre, à mie-nuit, il venait
» pour souper, en sa salle, il avait devant lui
» douze torches allumées que douze varlets
» portaient, et icelles douze torches étaient
» tenues devant sa table, et donnaient grande
» clarté en la salle, laquelle salle était pleine de
» chevaliers et d'écuyers, et toujours à foison
» étaient tables dressées pour souper, qui souper
» voulait. Il mangeait par coutume force
» volaille, et par spécial ailes et cuisses.....
» Il prenait grand plaisir en toute ménestrandie
» (composition musicale) et il faisait volontiers
» devant lui ses clercs chanter chansons, ron-
» deaux et virelais. Ils séaient à table environ
» deux heures. »

On voit que ces deux heures étaient princière-
ment employées et que l'esprit et l'estomac
trouvaient leur compte aux soupers de Gaston
Phœbus.

Froissart se résume enfin et conclut : « Briè-
» vement, dit-il, et tout bien considéré et avisé,
» avant que je vinsse en sa cour, j'avais été à
» maintes cours de rois, de ducs, de princes,
» de comtes et de belles dames; mais je ne
» fus en aucune qui autant me plût. On véait
» là (on voyait) en la salle, ès-chambres et en
» la cour chevaliers et écuyers aller et marcher,
» et d'armes et d'amour les oyait-on parler...
» Tout honneur était là-dedans trouvé. — Nou-
» velles de quel royaume ou de quel pays que
» ce fût, là-dedans on apprenait; car, pour la
» vaillance du seigneur, de tout pays elles ap-
» pleuvaient. »

À cette expansion de louange, on devine que
le chroniqueur dut faire là-dedans bonne et ample
récolte.

C'est dans ce jour prestigieux que nous apparaît cette intéressante et curieuse physionomie
de prince. Elle se détache avec une sorte de
grâce sévère du tableau, si librement esquissé,
quelquefois coloré si merveilleusement, par le
grand peintre du XVIe siècle,

Même en admettant certaines complaisances,
certaines flatteries du pinceau, on ne peut s'em-
pêcher de reconnaître l'exactitude des lignes
principales, et en adoucissant quelques teintes
trop brillantes, et en accusant un peu plus quelques ombres trop discrètes, on aura un portrait vrai s'imposant à l'attention et à l'examen.

L'auréole écartée, le front reste fier et dominateur, éclairé des reflets d'une vive intelligence et empreint de l'énergie d'un puissant caractère. On sent qu'il y a là mieux qu'un chevalier, qu'il y a un organisateur, et l'on n'hésite pas à se dire que, pour que cette noble figure de la chronique fût une des glorieuses figures de l'histoire, il ne lui manqua que l'occasion favorable et un plus vaste théâtre.

En résumé, Gaston Phœbus nous apparaît comme un prince plus haut que sa fortune, plus grand que sa souveraineté, supérieur, enfin, à son temps, puisqu'il avait cru à la pensée, pendant qu'autour de lui on ne croyait qu'à la force!

Ah! pourquoi les lettres honorées et cultivées par lui ne peuvent-elles pas toujours sourire au prince comme elles sourient au troubadour!

Je vous ai parlé, en commençant, de mystères qui assombrissaient de temps à autre le brillant séjour de Moncade. Ces mystères, les hautes murailles ne les étouffaient pas; ils perçaient au dehors en vagues rumeurs. Ces rumeurs, discrètement répandues, n'en faisaient que mieux leur chemin. On se disait, tout bas, bien bas, que le comte de Foix avait eu un fils, et que ce fils, bel et gracieux adolescent, avait encouru la colère paternelle et qu'il avait disparu de la vie.... Comment? On ne précisait rien, et l'on n'accusait que plus terriblement; le silence des confidents favorisait les suppositions sinistres.

Froissart avait recueilli la rumeur accusatrice,

et il s'était bien promis d'avoir le mot de ce
mystère. Il l'eut enfin. Laissons-le parler, il va
tout nous dire :

« Je tendais trop fort à demander et à savoir
» ce que Gaston, le fils du comte, était devenu;
» par quelle incidence il était mort; car messire
» Espaing de Lion ne me l'avait voulu dire; et
» tant m'en enquis qu'un écuyer ancien et nota-
» ble me le dit. Il commença son conte : Voir
» est, que Monseigneur le comte et Madame de
» Foix, sa femme, ne sont pas d'accord, et la
» discussion qui vint entre eux est mue (est née)
» du roi de Navarre, qui est frère à cette dame. »

Ici (pardonnez-moi cette irrévérence), je me
permets d'abréger Froissart. Mais rassurez-vous;
si j'abrége le prologue, je n'abrégerai pas le
drame, et ce sera l'émouvant chroniqueur qui
vous le racontera tout entier.

Précisons bien la cause de la mésintelligence
survenue entre le comte et sa femme. Gaston
Phœbus retenait depuis longtemps, dans une des
tours du château d'Orthez, le sire d'Albret, qu'il
avait fait prisonnier dans une rencontre. Il avait
fixé sa rançon à cinquante mille francs.

Le roi de Navarre, qui s'intéressait à ce seigneur, avait sollicité sa délivrance, offrant de
garantir le paiement des cinquante mille francs.
Il avait employé les bons offices de sa sœur,
femme du comte, qui avait chaleureusement
plaidé la cause du sire d'Albret.

Celui-ci fut enfin relâché, grâce à cette intervention, et, une fois libre, disons-le à son honneur, il s'empressa d'envoyer les cinquante mille francs au roi de Navarre devenu sa caution. Mais ce prince ne les transmit point à son beau-frère.

Gaston en conçut une violente irritation. Après avoir amèrement reproché à sa femme son immixtion dans cette affaire, il l'envoya en Navarre pour sommer le roi de tenir ses engagements.

La comtesse épuisa auprès de son frère tous les moyens de persuasion, alléguant que le sire d'Albret avait été mis en liberté sur ses instances, et assurant que si elle reparaissait devant son mari sans rapporter les cinquante mille francs, il l'occirait certainement ; elle ne put rien obtenir, et soit qu'elle craignît en effet la colère du comte, soit pour tout autre motif, elle resta en Navarre et ne revint plus en Béarn.

Cette séparation avait exaspéré Gaston Phœbus qui en gardait dans son cœur un amer et profond ressentiment.

Je n'ai plus rien à abréger maintenant, et je m'empresse de rendre la parole à Froissart qui la retiendra jusqu'à la fin de cette tragique histoire :

« Si commença le comte sa femme grande-
» ment enhaïr et à être mal content d'elle, et
» la chose demeura ainsi.... Gaston, le fils du
» comte de Foix, crût et devint très bel enfès
» (très beau garçon), et fut marié à la fille du
» comte d'Ermignac (d'Armagnac). L'enfès pou-

» vait avoir environ quinze ou seize ans, et
» pourtréait grandement son père (et était le
» portrait de son père).

» Si lui prit volonté et plaisance d'aller au
» royaume de Navarre voir sa mère et son oncle.
» Ce fut bien à la mâle heure pour lui et le pays.

» Quand il fut venu en Navarre, on lui fit
» très bonne chère (bon accueil), et se tint avec
» sa mère assez longtemps; puis prit congé,
» mais ne put ni par paroles ni par prières
» sa mère faire retourner avec lui; car la dame
» lui avait demandé si le comte de Foix son père
» l'avait enchargé de la ramener. Il disait bien
» qu'au partir il n'en avait été nulle nouvelle
» (nullement question), et pour ce, la dame ne
» s'y osait assurer, et demeura là où elle était.

» L'enfès de Foix s'en vint par Pampelune
» pour prendre congé du roi de Navarre, son
» oncle; le roi lui fit très bonne chère, et le tint
» avec lui plus de dix jours, et lui donna de
» beaux dons et à ses gens aussi. Le derrain don
» (le dernier don) que le roi de Navarre lui
» donna fut la mort de l'enfant. Je vous dirai
» comment et pourquoi. Quand l'enfès dut
» partir, le roi le trait à part (le prend à part)
» dans sa chambre secrètement et lui donna une
» moult belle boursette de poudre, de telle
» condition que il n'était chose vivante qui,
» si de la poudre touchait ou mangeait, que
» tantôt ne mourût. Gaston, beau neveu, dit le
» roi, vous ferez ce que je vous dirai; vous

» véez comment le comte de Foix votre père
» a en grande haine votre mère, ma sœur, et ce
» me déplaît grandement, et aussi doit-il faire
» à vous.

» Pour les choses réformer en bon point, et
» pour que votre mère fût bien de votre père
» (pour que votre mère retrouve les bonnes
» grâces de son époux), vous prendrez un peu de
» cette poudre, et en mettrez sur la viande
» de votre père, et gardez bien que nul ne vous
» voie; et si tôt comme il en aura mangé, il
» n'entendra jamais à autre chose, sinon qu'il
» puisse ravoir sa femme, votre mère, avec lui,
» et ils s'entr'aimeront à toujours, mais si entiè-
» rement que jamais ne se voudront départir
« l'un de l'autre; et tout ce devez-vous grande-
» ment convoiter qu'il advienne; et gardez bien
» que de ce que je vous dis vous ne vous décou-
» vriez à homme qui soit, qui le dise à votre
» père; car vous perdriez votre fait (vous ne
» réussiriez pas.) L'enfès qui tournait en voir
» (qui acceptait) tout ce que le roi de Navarre,
» son oncle, lui disait, répondit et dit : Volon-
» tiers.

» Sur ce point il repartit de Pampelune et
» s'en retourna à Ortais. Le comte de Foix, son
» père, lui fit bonne chère, ce fut raison, et
» lui demanda des nouvelles de Navarre, et
» quels dons ou joyaux on lui avait donnés par
» delà; et tous les montra, excepté la boursette
» où était la poudre; mais de ce se sut-il bien

» couvrir et taire. Or, était-il d'ordonnance en
» l'hôtel de Foix que moult souvent Gaston et
» Yvain, son frère bâtard, gissaient (couchaient)
» ensemble en une chambre, et s'entraimaient
» ainsi que enfants frères font, et se vestaient
» de cotes et d'habits ensemble, car ils étaient
» aucqs d'un grand et d'un âge, (car ils avaient
» même taille et même âge.)
» Il advint qu'une fois, ainsi qu'enfants
» s'ébattent en leurs lits, ils s'entréchangent
» leurs cotes, et tant que la cote de Gaston
» où la poudre et la bourse étaient alla sur
» la place d'Yvain, frère de Gaston. Yvain,
» qui était assez malicieux, sentit la poudre
» en la bourse, et demanda à Gaston : Gaston,
» quelle chose est ceci que vous portez tous
» les jours à votre poitrine ? De cette parole,
» Gaston n'eut point de joie et dit : Rendez-moi
» ma cote, Yvain ; vous n'en avez que faire.
» Yvain lui rejeta sa cote, Gaston la vêtit, et ce
» jour il fut plus pensif qu'il n'avait été devant.
» Il advint, trois jours après, si comme Dieu
» voulût sauver et garder le comte de Foix,
» que Gaston se courrouça à son frère Yvain
» pour le jeu de paume, et lui donna une jouée
» (un soufflet). L'enfès s'enfélonna (s'irrita) et
» entra tout pleurant en la chambre de son
» père, et le trouva à telle heure qu'il venait
» d'ouïr sa messe. Quand le comte le vit plorer,
» lui demanda : Yvain, qu'avez-vous ? Monsei-
» gneur, dit-il, Gaston m'a battu ; mais il y

» à autant et plus à battre en lui qu'en moi.
» Pourquoi, dit le comte, qui tantôt entra en
» soupçon? — Par ma foi, Monseigneur, depuis
» qu'il est rentré de Navarre, il porte à sa
» poitrine une boursette toute pleine de poudre;
» mais je ne sais à quoi elle sert ni ce que il
» en veut faire; seulement il m'a dit, une fois,
» ou deux, que Madame sa mère sera bien
» bref (bientôt) mieux en votre grâce que onques
» ne fut.—Ho! dit le comte, tais-toi, et garde-toi
» bien que tu ne te descouvres à nul homme
» au monde de ce que tu m'as dit. — Monsei-
» gneur, dit l'enfès, volontiers.

» Le comte de Foix entra lors en grande
» imagination, et se couvrit (ne dit mot) jusqu'à
» l'heure du dîner, et s'assit comme les autres
» jours en sa salle. — Gaston, son fils, avait
» usage de lui servir tous ses mets, et faisait
» essai de ses viandes. Sitôt qu'il eut mis devant
» le comte le premier mets, le comte regarde
» et voit les pendants de la boursette à la cote
» de son fils; le sang lui mua (son sang remua)
» et il dit : Gaston, viens, je veuil parler à
» toi en l'oreille. — L'enfant s'avança de la
» table; le comte ouvrit lors son sein (celui
» de Gaston) et desnoua la cote, et prit un
» coutel (couteau) et coupa les pendants de
» la boursette, et elle lui demeura en la main,
» et puis dit à son fils : Quelle chose est en
» cette boursette? L'enfès, qui fut tout surpris
» et ébahi, ne sonna mot, mais devint tremblant

» de peur, et tout éperdu. Le comte de Foix
» prit de la poudre et en mit sur un tailloir
» de pain (un morceau de pain), et siffla un
» de ses levriers qu'il avait de lès lui (à côté
» de lui) et lui donna à manger. Sitôt que le
» chien eut mangé la poudre, il tourna les
» pieds dessus et mourut. Quand le comte de
» Foix vit la manière (la chose), il fut courroucé;
» il se leva de table et prit son coutel et voulait
» le lancer après son fils, et l'eût occis; mais
» chevaliers et écuyers se mirent au devant
» et dirent : Monseigneur, ne vous hâtez pas,
» mais vous informez de la chose avant que
» vous fassiez à votre fils nul mal. Et le premier
» mot que le comte dit, ce fut en son gascon :
» O Gaston, traitour (traître), pour toi et pour
» accroître l'héritage qui te devait retourner,
» j'ai eu guerre et haine au roi de France, au
» roi d'Angleterre, au roi d'Espagne, au roi
» de Navarre, au roi d'Aragon, et contre eux
» me suis-je bien tenu et porté, et tu me veux
» maintenant murdrir (assassiner); sache que
» tu en mourras à ce coup. Alors il saillit outre
» la table, le coutel à la main, et le voulut
» là occire; mais chevaliers et écuyers se mirent
» à genoux devant lui, et lui dirent : Ah!
» Monseigneur, pour Dieu merci! N'occiez pas
» Gaston; vous n'avez plus d'enfant; faites-le
» garder, et informez-vous de la matière; espoir
» (peut-être) ne savait-il ce qu'il portait, et
» n'a nulle coulpe (faute) en ce méfait. Or tôt,

» dit le comte, mettez-le en la tour, et qu'il soit
» tellement gardé, qu'on m'en rende compte.

» Lors fut mis l'enfès en la tour d'Ortais.
» Le comte fit prendre grand foison de ceux
» qui servaient son fils, et tous ne les eut pas,
» car moult (plusieurs) s'en partirent; mais il
» en fit mourir jusqu'à quinze très horrible-
» ment, et ce fut grand pitié.

» Et à présent je dirai comment Gaston, le fils
» au comte, mourut en la tour d'Ortais. Le comte
» de Foix le faisait tenir en une chambre, où
» petit avait là de lumière; et il fut là dix jours,
» petit y but et mangea, bien qu'on lui apportait
» tous les jours assez à boire et à manger;
» mais quand il avait la viande, il la détournait
» et n'en tenait compte, et aucuns (certains)
» veulent dire qu'on trouva les viandes toutes
» entières qu'on lui avait portées, et merveille
» fut comment il put tant vivre. Par plusieurs
» raisons le comte faisait là tenir son fils sans
» nulle garde qui fût en la chambre avec lui,
» ni qui le conseillât ni confortât; et fut l'enfès
» toujours en ses draps (en son lit). Si se mélan-
» colia grandement, et maudissait l'heure qu'il
» fut né et engendré pour être venu à telle
» fin. Le jour de son trépas, ceux qui le servaient
» lui apportèrent la viande, et lui dirent :
» Gaston, véez-ci (voici) de la viande pour vous.
» Gaston n'en fit compte, et dit : Mettez-la là.
» Cil (celui) qui le servait regarde et voit en
» la prison toutes les viandes que les jours

» passés il avait apportées. Adonc referma-t-il
» la chambre et vint au comte de Foix, et
» il lui dit : Monseigneur, prenez garde dessus
» votre fils, car il s'affame en la prison, et
» je crois que onques ne mangea depuis qu'il
» y entra ; car j'ai vu tous les mets entiers
» dont on l'a servi. De cette parole le comte
» s'enfélonna et s'en vint vers la prison où
» son fils était, et tenait à la male heure un
» petit coutel dont il appareillait ses ongles ;
» il fit ouvrir l'huis (la porte) de la prison et
» s'en vint à son fils, et tenait la lemelle de
» son coutel si près de la pointe qu'il n'y en
» avait pas hors de ses doigts l'épaisseur d'un
» gros sol tournoi. Par mautalent (par colère)
» en boutant ce tant de pointe en la gorge de
» son fils, il l'asséna (il le frappa) je ne sais
» en quelle veine et lui dit : Traitour, pourquoi
» ne manges-tu point ? Et tantôt s'en alla le
» comte, sans plus rien dire ni faire, et rentra
» en sa chambre. L'enfès fut sang mué et effrayé
» de la venue de son père avec ce qu'il était
» faible de jeûner, et qu'il vit ou sentit la
» pointe du coutel qui le toucha à la gorge,
» et ce fut en une veine, il se tourna d'autre
» part, et là mourut.

» A peine était le comte rentré en sa chambre,
» quand nouvelles lui vinrent par celui qui
» administrait à l'enfant sa viande, qui lui dit :
» Monseigneur, Gaston est mort. — Mort, dit
» le comte ! et il ne voulait pas croire que ce

» fût vérité. Il y envoya un sien chevalier qui
» là était de côté lui; le chevalier rapporta que
» voirement il était mort. Fut le comte de
» Foix désolé outre mesure, et regretta son
» fils trop grandement et dit : Ah ! Gaston,
» à mâle heure pour toi et pour moi, tu allas
» voir ta mère en Navarre, jamais je n'aurai
» si parfaite joie comme j'avais avant. Or, fit-il
» venir son barbier et se fit raire (raser) et se
» mit moult bas, et se vêtit de noir, et tous
» ceux de son hôtel, et fut le corps de l'enfant
» porté en pleurs et en cris aux Frères-Mineurs,
» à Ortais, et là fut ensépulturé. Ainsi en alla
» de la mort de Gaston de Foix; son père l'occit
» voirement; mais le roi de Navarre lui donna
» le coup de la mort. »

MESDAMES, MESSSIEURS,

Je me félicite d'avoir laissé Froissart vous
raconter jusqu'au bout cette lamentable histoire,
cette tragédie de famille. Je m'en félicite, non
seulement pour l'émotion naïve du récit, mais
aussi, et surtout, pour le discernement si juste
que le chroniqueur sait faire des coupables.
Le comte de Foix a frappé son fils; mais celui
qui a véritablement donné la mort, c'est le
roi de Navarre, roi empoisonneur, que l'histoire
appelle Charles-le-Mauvais.

J'avoue que cette appréciation si simple et
si vraie m'apporte une joie morale que vous
aurez sans doute partagée. Nous ne sommes

pas, en effet, nous ne serons jamais, j'en appelle
à vos consciences, de cette école qui abrite les
événements tantôt derrière la fatalité, tantôt
derrière la Providence! Nous croyons à la res-
ponsabilité humaine, et c'est parce qu'il rend
hommage à ce grand et salutaire principe, que
j'applaudis Froissart, et que vous l'applaudissez
avec moi.

Un mot encore à l'appui et à la gloire de
cette noble thèse.

Froissart et Gaston Phœbus, après douze semaines d'intimité poétique, d'admiration et de
louange réciproques, se séparent également
satisfaits l'un de l'autre. Le trouvère est enchanté
des prévenances reçues; le prince est tout aise
des compliments faits à ses galeries, à ses
meubles, à ses armes, à ses levriers, à ses vers
et à sa prose. Et il a comme un avant-goût
des éloges plus complets et mieux étudiés que
ne saurait manquer de lui apporter la prochaine
relation de l'ingénieux et inépuisable conteur.
Enfin, pour certains drames qu'il n'a pas réussi
à étouffer entre les murailles de ses donjons,
il compte, par ses largesses, avoir suffisamment
acheté l'indulgence de la chronique. Vaine
illusion et vaine espérance! Ses libéralités sont
des libéralités perdues, et il a mal employé
ses florins, ses chaînes d'or et ses sourires; la
postérité ne sera pas mise en défaut; la justice
des siècles ne sera pas fraudée; la vérité sortira
du panégyrique! La chronique est indulgente,

soit; mais elle témoigne; elle n'accuse pas, mais elle révèle... Elle révèle, et tout couronné et tout radieux qu'il est encore d'une louange complaisante, ce grand comte de Foix, si puissant jadis et si redouté, n'en comparaît pas moins ici, à cette heure, les mains tachées de sang, et c'est nous, nous, les fils des Jacques, qui, sur la déposition d'un admirateur, jugeons le prince violent et condamnons le père meurtrier! Qu'un pareil exemple console et raffermisse les consciences! Le crime est toujours le crime, et quels qu'en puissent être le succès immédiat et l'éclat momentané, en dépit de ses déguisements habiles et des adulations contemporaines, il est jugé tôt ou tard, et il n'échappe pas au verdict de l'histoire!

Bagnères, imprimerie D.-L. Péré, successeur de Dossun.

www.ingramcontent.com/pod-product-compliance
Lightning Source LLC
Chambersburg PA
CBHW051730050726
47598CB00003B/1124